Guide rédigé par :
Sophie Grossiord, Conservateur à la Maison de Victor Hugo

Conception graphique :
Gilles Beaujard assisté de Viviane Linois

Fabrication : Florence Jakubowicz

Photogravure : Bussière Arts graphiques, Paris

Flashage : Delta +, Levallois-Perret

Impression : Imprimerie Alençonnaise, Paris

Achevé d'imprimer sur les presses de l'imprimerie
Alençonnaise, à Alençon, en février 1993

Commande par minitel pour les particuliers (France) :
3615 CAPITALE

Couverture :
Auguste de Châtillon, *Victor Hugo et son fils Victor,* 1836

© Paris-Musées, 1993
Dépot légal février 1993
ISBN 2-87900-106-4

Crédits photographiques :
Photothèque des musées de la Ville de Paris, © by SPADEM 1993 :
I. Andréani, O. Habouzit, Ph. Ladet, D. Lifermann, P. Pierrain,
M. Toumazet, J.-Y. Trocaz.
© DAC-DAP, 1993 : Christophe Walter
R.M.N.